© 2020 Blade, A.
Herstellung und Verlag: BoD – Books on Demand, Norderstedt
ISBN: **9783751936248**
Cover: **iStock.com/ SAND555**

Mein Tagebuch der Stille

zum Selber ausfüllen
(mit Linienspiegel am Buchende)

Hier ist dein Platz für alles, das dich bewegt.

Wir leben in einer lauten Welt, sehnen uns oft nach Ruhe und Stille, nach Rückzug und Frieden.

Lerne die Stille spüren und sie erfahren, vertrau dich ihr an und mache sie zu deinem Freund.

An diesem Beispiel kannst du dich orientieren, passe es an dich an – mach die Liste persönlicher, ganz zu dir passend!

- ❖ Zitate zum Thema
- ❖ Meditationserfolge
- ❖ Träume
- ❖ Gefühle
- ❖ Lass dich nicht ablenken, lebe!
- ❖ Vorbilder
- ❖ Wer bin ich, wenn die Stille mich trägt?

In der Ruhe und der Stille liegt die Kraft um alles zu schaffen, was du schaffen willst.

Deine D. Slaze